Kreatives und künstlerisches Gestalten in Freizeit und Beruf –
dafür steht der Name CHRISTOPHORUS seit mehr als 30 Jahren.
Jedes CHRISTOPHORUS-BUCH ist mit viel Sorgfalt erarbeitet:
Damit Sie Spaß und Erfolg beim Gestalten haben –
und Freude an unverwechselbaren Ergebnissen.

Mein großes

Weihnachts-Bastelbuch

Ideen für kleine Hände

Laura Blücher, Erika Bock,
Ernestine Fittkau, Ursula Ritter, Halyna Salo,
Martha Steinmeyer, Ingrid Wurst

christophorus

Inhalt

Frohe Weihnachten

Bald ist Weihnachten und damit beginnt die aufregendste und geheimnisvollste Zeit des Jahres. Kinder freuen sich schon auf die Geschenke und überlegen, was sie für ihre Freunde und Verwandte basteln können. Auch die ganze Wohnung wird weihnachtlich geschmückt. Lichter werden aufgestellt, Fenster mit Sternen beklebt und der Baumschmuck wird vorbereitet.

Bei all diesen Aktionen wollen Kinder gerne helfen. Nichts ist schöner, als gemeinsam am Tisch zu sitzen und zu basteln. Selbstverständlich möchten sie auch etwas herstellen und das möglichst selbstständig. Deshalb finden Sie in diesem Buch viele Ideen, die von Kindern mit etwas Hilfe von Erwachsenen selbst umgesetzt werden können. Alle Motive sind Schritt für Schritt leicht nachzubasteln.

So entstehen wunderschöne Engel-Windlichter oder ein kleiner Nikolaus in einem Weckglas, das mit Bäumen aus transparentem Papier verziert ist. Der rote Nikolaus-Teller wartet auf die selbst gebackenen Plätzchen und die frechen Lebkuchenmännchen schmücken den Tisch.

Für die niedlichen Zapfenmännchen werden erst einmal bei einem Spaziergang schöne Kiefernzapfen gesammelt, die dann zu Hause bemalt und beklebt werden. Die kuscheligen Häuschen lassen sich ganz leicht aus Geschenkband und Bastelfilz herstellen und sind einfach nur mit Watte gefüllt. Und auf bunte Papierkugeln werden die Motive einfach mit dem Wattestäbchen aufgetupft.

Was wäre Weihnachten ohne Sterne? Sie sind Klassiker, die jedes Jahr in neuer, aber unverwechselbarer Form auf Karten, Geschenkpapieren und vor allem an Fenstern erscheinen. So leuchten sie wie einst der helle Stern, der den Heiligen Drei Königen den Weg nach Bethlehem gezeigt hat. Egal, ob aus Transparentpapier gefaltet, als Stern-Wichtel oder als Flechtsterne gearbeitet, Sterne gehören zu den beliebtesten Weihnachtsmotiven.

Und natürlich darf die Weihnachtsüberraschung nicht fehlen! Lebkuchenfiguren mit Lichtern, süß gefüllte Mäuse oder ein Nikolaus auf Skiern sind wunderbare Geschenk-Ideen. Tolle Stern-Anhänger für Verpackungen runden das Ganze ab.

Wir hoffen, Sie sind inspiriert von den Ideen in diesem Buch und freuen sich schon auf die Umsetzung. Beziehen Sie die Ideen der Kinder mit ein. Es muss nicht immer alles genauso aussehen wie im Buch. Manchmal ist zum Beispiel das Material nicht greifbar. Vielleicht gibt es aber etwas Ähnliches, das sich kreativ einbauen lässt.

Wir wünschen Ihnen und Ihren Kindern ganz viel Spaß beim Weihnachts-Basteln!

Material & Technik

Material

Viele Motive sind aus Tonkarton gearbeitet, den es in uni, aber auch gemustert oder mit Prägedekor gibt. Transparentpapier für Faltsterne oder zum Bekleben von Gläsern verwenden. Bastelfilz, Bänder, Chenilledraht oder Knöpfe ergänzen die Motive. Mit Stanzlochern lassen sich leicht Verzierungen herstellen. Auch Naturmaterialien wie Zapfen, Ästen und Walnüsse eignen sich als Grundlage.

Hilfsmittel

Folgende Hilfsmittel werden häufig gebraucht und in den Materiallisten nicht gesondert aufgeführt.

Zum Schneiden und Kleben:
- Kinderschere
- Prickelnadel mit Unterlage
- Cutter mit Unterlage
- UHU Alleskleber oder UHU stic Klebestift (für Papier)
- UHU Bastelkleber (für Filz)
- Radiergummi
- Evtl. Lineal

Zur Herstellung von Vorlagen und Schablonen:
- Transparentpapier (Architektenpapier)
- Dünner Karton
- Weicher Bleistift

Vorlagen übertragen

Das Transparentpapier auf die Vorlage legen und alle Umrisse mit einem Bleistift umfahren. Das Papier wenden und alle Linien auf der Rückseite nachziehen. Das Transparentpapier nochmals umdrehen, auf das ausgewählte Papier legen und die Linien erneut umfahren. Dadurch überträgt sich der Grafit des Bleistifts auf das Papier. Transparente Papiere direkt auf die Vorlage legen und die durchscheinenden Linien nachziehen.

Beim Übertragen der Vorlagen auf Filz entweder einen Schneiderstift (Phantomstift) aus dem Näh- bzw. Kurzwarensortiment verwenden (diese Linien verschwinden nach kurzer Zeit von selbst) oder die aufgemalte Kontur mit wegschneiden.

Schablonen herstellen

Schablonen erleichtern die Arbeit, wenn das Motiv mehrfach benötigt wird und sind für Kinder einfacher zu handhaben: Alle Umrisse auf Transparentpapier übertragen. Das Transparentpapier auf eine dünne Pappe kleben und das Motiv ausschneiden. Dann die Schablone auf das gewählte Papier legen, mit einem Bleistift umfahren und alle Teile ausschneiden. Bei Wellpappe das Motiv seitenverkehrt auf die Rückseite übertragen.

Schneiden

Aus Sicherheitsgründen Kinder immer mit einer abgerundeten Kinderschere schneiden lassen. Beim Schneiden das Papier oder den Filz in der Hand drehen. Bleistiftspuren wegschneiden oder mit einem sauberen Radiergummi entfernen. Innenausschnitte ausprickeln oder mit von einem Erwachsenen mit einem Cutter ausführen lassen. Zum Prickeln eine Unterlage verwenden.

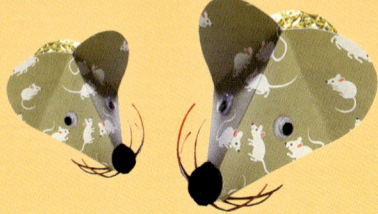

Kleben

Die meisten Papiere mit einem Alleskleber kleben. Den Klebstoff immer sehr sparsam und etwas vom Rand entfernt auftragen, damit beim Zusammenpressen der Teile nichts hervorquillt. Überschüssigen Kleber mit einem weichen Radiergummi entfernen, solange er feucht ist. Für Transparentpapier oder für das Aufeinanderkleben von glatten Papieren am besten einen Klebestift verwenden, bei Filz Bastelkleber.

Gesichter gestalten

Augen und Mund mit Filzstiften aufmalen, dabei dient die Vorlage als Orientierungshilfe. Es können auch Halbperlen oder mit dem Locher ausgestanzte Kreise als Augen verwendet werden. Weiße Glanzpunkte mit einem Lackstift auf die Augen setzen. Mit einem roten oder orangefarbenen Buntstift Wangenpunkte andeuten und die Farbe mit den Fingerspitzen leicht verreiben. Bei Filz den Buntstift flacher halten. Als Nase eventuell einen kleinen Pompon fixieren.

Salzteig herstellen

250 g Mehl, 250 g Salz, 250 ml Wasser und 3 Eßlöffel Kleisterpulver zusammenrühren und einige Zeit ruhen lassen. Vor der Weiterverarbeitung die Konsistenz überprüfen: Der Teig soll sehr fest, aber noch formbar sein. Verlaufen die Formen, Mehl hinzugeben, bröckelt der Teig, mit wenig Wasser verdünnen.
Der Teig kann über Tage auf der Heizung getrocknet werden. Schneller geht es allerdings im Backofen. Bei 50 Grad Celsius dauert es nur ein paar Stunden, bis die Objekte bemalt werden können. Dazu eignen sich Wasserfarbe, Filz- und Lackstifte.

Teelichter

Nicht alle Teelichter haben denselben Durchmesser, deshalb Innenausschnitte bei Teelichtern vorher immer noch einmal überprüfen. Kerzen bitte nicht ohne Aufsicht brennen lassen!

1. Zum Ausschneiden des Innenkreises mit einer Prickelnadel ein Loch vorstechen und mit der Prickelnadel die einzelnen Zacken arbeiten. Ein Erwachsener kann auch einen Cutter verwenden.

2. Jede Zacke einzeln nach hinten knicken, damit der Ausschnitt gleichmäßig rund wird. Dazu den Kreis mit der geöffneten Scherenspitze leicht anritzen.

3. Nun das Teelicht in das Motiv stecken. Damit das Teelicht sicher steht, zusätzlich einen Streifen aus Tonkarton um die Teelichthülle herumführen. So kann das Teelicht stets durch ein neues ersetzt werden.

Für den
Weihnachts-Tisch

Weihnachts-wichtel

- 3 Holzklötze,
  je 13,5 cm lang, 6 cm Ø
- 3 Nägel, 6 – 8 cm lang
- Holzleiste, 66 cm lang,
  2,5 cm breit
- 3 kleine Grapefruits,
  ersatzweise Orangen
  oder Äpfel
- Schafwolle in Weiß,
  Grün, Braun
- Filz in Rot, Grün,
  Hellbraun
- 3 Perlen in Rot, 1 cm Ø
- 6 Rosinen oder schwarze
  Stecknadeln
- 4 Teelichter in Rot
- Wellpappreste in Rot
- Wollfäden in Rot
- Walnüsse

Zusätzlich
- Hammer

Vorlage 1
Seite 72

Anleitung siehe Seite 26

Statt der Holzklötze können
auch dünne Baumstämme
verwendet werden. Diese
von einem Erwachsenen
zurecht sägen lassen.

Schneemann & Niko

Schneemann

Schneemann

- Tonkarton in Rot
- Geprägter Karton „Schneekristalle" in Weiß
- Bastelkarton „Happy Papers – Ganzjahres- motive: Sterne" in Gelb
- Motivlocher:
- „Eiskristall", groß
- „Kreis", mittel
- Filzstift in Schwarz
- Lackstift in Weiß
- Buntstift in Orange?
- Teelicht in Orange

Nikolaus

- Geprägter Tonkarton in Gelb, Hautfarbe; Rest in Orange
- Bastelkarton „Happy Papers – Ganzjahres- motive: Sterne" in Rot
- Geprägter Karton „Schneekristalle" in Weiß
- Motivlocher „Stern", groß
- Filzstift in Schwarz
- Teelicht in Gelb

Vorlagen 2, 3
Seiten 72, 73

Bitte beachten: Teelichter haben keine einheitliche Größe, daher vor dem Aus- schneiden die Durchmesser von Teelicht und Vorlage vergleichen und diese even- tuell anpassen.

1 Alle Teile nach der Vorlage ausschneiden und den Innenausschnitt mit dem Cutter von einem Erwachsenen ausführen lassen.

2 Die Mütze mit Quaste und Besatz auf den Kopf, den Schal auf den Körper kleben. Das Gesicht aufmalen, Nase und ausgestanzte Eis- kristalle aufkleben.

3 Aus Bastelkarton einen Streifen schneiden (15 x 2,5 cm) und eine der langen Kanten leicht gewellt nachschneiden. Das Teelicht mit dem Streifen ummanteln und in den Ausschnitt stecken.

Nikolaus

1 Alle Teile nach der Vorlage ausschneiden, den Mantel aus der uni- farbenen Rückseite des Sternen-Bastelkartons. Den Innenausschnitt mit dem Cutter von einem Erwachsenen ausführen lassen.

2 Die Mütze mit Quaste und Besatz sowie Bart und Nase auf den Kopf kleben. Augen und Mund aufmalen. Den Schal mit je zwei Streifen von dem Sternenpapier verzieren, auf den roten Mantel kleben und den Kopf fixieren.

3 Den Ärmel mit Besatz und Handschuh seitlich an der Mantelrück- seite festkleben. Einen Stern ausstanzen und auf die Handfläche kleben.

4 Das Teelicht mit Bastelkarton (15 x 2,5 cm) ummanteln und in den Ausschnitt stecken.

Tannenbäume

Tannenbaum mit Knöpfen

- Tonkarton in Mittelgrün, Gelb
- ca. 13 Knöpfe in Rot, Gelb, 1 cm Ø
- Motivlocher „Stern", groß
- Papptrinkbecher, 0,2 l, 9,5 cm hoch, 7 cm Ø
- Acryl-Mattfarbe in Grün
- Filzstift in Grün
- Abstandsband
- Teelicht

Tannenbaum mit Mütze

- Tonkarton in Dunkelgrün, Rot, Schwarz
- Velourspapier in Weiß
- Pompon in Weiß, 15 mm Ø
- Bürolocher
- Filzstift in Schwarz
- Lackstift in Weiß
- 2 Markierungspunkte in Weiß, 8 mm Ø
- Teelicht

Tannenbaum mit Sternchen

- Tonkarton in Dunkelgrün, Gelb
- Motivlocher „Stern", klein und groß
- Abstandsband
- Teelicht

Vorlagen 4 – 6
Seiten 74, 75

Bei dem Tannenbaum mit Knöpfen einen Kreis für das Teelicht ausschneiden (siehe Vorlage 4). Den Baum mit gemalten Heftstichen grün umranden. Einen Stern ausstanzen, mit Abstandsband fixieren und die Knöpfe auf dem Baum anbringen. Den Trinkbecher ab dem Boden auf 1,5 cm kürzen. Das Boden- und Seitenteil in Grün bemalen. Den Rand des Becherbodens von unten auf den Kreisrand der Tanne kleben. Die Teelichthülse mit einem Tonkartonstreifen beziehen und auf den Becherboden stellen.

Den Tannenbaum mit Mütze mit gemalten Heftstichen in Weiß umranden. Weiße Markierungspunkte als Augen aufkleben. Mit dem Bürolocher je zwei Kreise in Schwarz und Rot lochen und als Pupillen und Wangen aufkleben. Die Nase ausschneiden und aufkleben. Mit dem Lackstift Lichtpunkte setzen. Mund und Brauen in Schwarz aufmalen. Die Mütze auf den Baum kleben, darauf den Besatz und einen Pompon anbringen. Die Zacken für das Teelicht einschneiden und umbiegen.

Für den Tannenbaum mit Sternchen alle Sterne mit einem Motivlocher ausstanzen und aufkleben, für den großen Stern Abstandsband verwenden. Das Teelicht einsetzen und einen Streifen aus Tonkarton um die Hülse kleben (13 cm x 1,7 cm).

Hinweis

Teelichter haben keine einheitliche Größe, daher vor dem Ausschneiden die Durchmesser von Teelicht und Vorlage vergleichen und diese eventuell anpassen.

Faltlichter

- Regenbogen-Transparent-papier
- Tonpapier in Gold
- Motivlocher „Stern", klein

Vorlage 7
Seite 75

Tipp

Verwenden Sie Teelichter in Gläsern, dann leuchten die Laternchen noch mehr.

Die Grundform von der Vorlage auf das Regen-bogen-Transparentpapier übertragen. Die Form nach der Anleitung falten und punktuell mit Klebestift zusammenkleben. Die Regenbogen-Lichter mit gestanzten Sternchen verzieren.

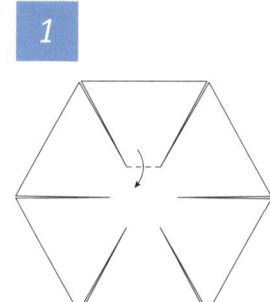

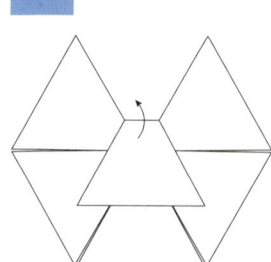

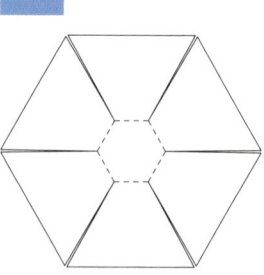

Schritt 1 und 2
an jeder Seite wiederholen.

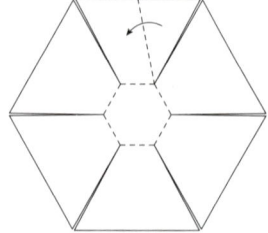

Die rechte Ecke so falten, dass die Faltlinie durch die Mitte der Sechseckseite und durch das Ende der Schnittlinie verläuft.

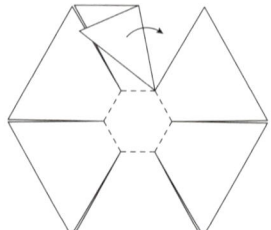

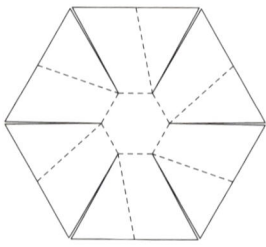

Schritt 4 und 5
an jeder Seite wiederholen.

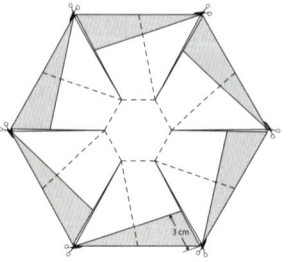

An der rechten Schnittlinie von der Spitze ausgehend 3 cm abmessen. Diese Markierung und die gegenüberliegende Spitze mit einer dünnen Linie verbinden. Das entstehende Dreieck wegschneiden.

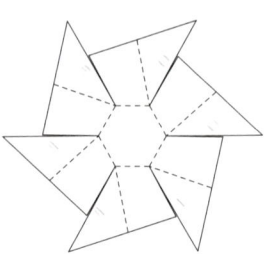

Engel-Windlichter

Engel

- Tonkarton in Haut, Mittelblau, Rosa, Pink
- Tonpapier in Gelb, Weiß (zum Stanzen der Haarspangen)
- Transparentpapier mit Sternchen
- Tonkarton mit Schneekristallmuster
- Filz in Gelb, Orange
- Filzstifte in Blau, Schwarz
- Lackstift in Weiß
- Buntstifte in Orange, Pink, Hellbraun
- Motivlocher „Eiskristall"

Laterne

- 2 Architektenpapiere oder Laternenfolie, DIN A4
- Wachsmalkreide in Rot, Blau, Orange, Gelb
- 2 Würstchen-, Gurken- oder Einmachgläser

Zusätzlich

- Bügeleisen und entsprechende Unterlage

Vorlage 8
Seite 76

Laterne

Das Architektenpapier oder die Laternenfolie kräftig mit Wachsmalstiften, die beim Bügeln verlaufen, bemalen. Oben mit einem blauen, unten mit einem roten Streifen abschließen. In der Mitte Orange und Gelb abwechseln. Ein leeres Architektenpapier auf die Malfläche legen und einen Erwachsenen bitten, mit dem Bügeleisen in niedriger Temperatur darüber zu bügeln, bis die Farben in sich verlaufen. Die Blätter jeweils um ein Glas kleben.

Engel

1 Die beiden Engel sind fast gleich gearbeitet, nur seitenverkehrt. Alle Motivteile von der Vorlage abpausen und auf den farbigen Karton übertragen. Den Filz auf Tonkarton kleben und die Schablone der Haare auf die Rückseite aufmalen. Die Haare ausschneiden, dabei die Zöpfe öfters einschneiden. Mit dem Motivlocher Schneeflocken als Haarspangen ausstanzen und auf die Zöpfe kleben. Die Haare auf den Kopf kleben und das Gesicht gestalten. Die Augen mit einem schwarzen Filzstift aufmalen und mit einem weißen Lichtpunkt (Lackstift) versehen, die Wangen mit Buntstift aufreiben, den Mund und die Nase mit Buntstift aufmalen.

2 Dem blauen Kleid mit dem Motivlocher unten eine Borte ausstanzen. Beim anderen Kleid den Stern ausprickeln, dafür das Kleid auf eine Unterlage legen und entlang der Linien den Stern ausprickeln. Die Füße unten hinter die Kleider kleben. Die Hände hinter die Ärmel kleben und dann auf dem Kleid platzieren. Von hinten die Flügel aus Transparentpapier anbringen. Nun den Kopf auf den Körper kleben und den Engel etwas schräg auf die Laterne kleben.

Nikolaus im Wald

- Hohes Einmachglas
- Vlieseline
- Tranparentpapier oder Strohseide in Hellgrün, Dunkelgrün
- Knete in Weiß, Rot
- Holzkugel, 2 cm Ø
- Sand
- Teelicht
- Filzstift in Rot, Schwarz
- Lackstift oder Tipp-Ex in Weiß
- Kleister

1 Aus grünem Transparentpapier oder Strohseide viele spitze Dreiecke schneiden und mit Kleister überlappend auf das Glas kleben. An einer Seite ein Guckloch frei lassen.

2 Vlieseline in 2,5 cm breite Streifen schneiden. Einen Streifen unten um das Glas kleben, den zweiten oben anbringen und zur Schleife binden.

3 Mit Lackstift weiße Schneeflocken auftupfen. Sand einfüllen bis zur Höhe des Vlieselinestreifens. Das Teelicht hinter dem Guckloch tief in den Sand stecken.

4 Aus roter Knetmasse einen spitzen Kegel formen. Unterhalb der Mütze einen Einschnitt anbringen, die Holzkugel eindrücken. Den Zipfel der Mütze etwas nach rechts biegen. Weiße Knete als Bart und als Pelzrand an der Mütze anbringen.

5 Mit Filzstiften Mund und Augen auf die Kugel malen. Den Nikolaus in die Mitte des Glases stellen.

Tipp

Für einen Bart ganz einfach weiße Knetmasse durch die Knoblauchpresse drücken.

Weihnachtsmäuse

- Geprägter Bastelkarton in Weiß mit Sternen
- Bastelkarton „Happy Papers – Christmas: Päckchen"
- Geprägter Tonkarton in Rot
- Bastelfilz in Grün
- Pompons: in Weiß, 7 mm Ø, in Rot, 10 mm Ø
- Wackelaugen, oval, 10 mm
- Filzstift in Schwarz
- Kleine Holzwäscheklammern, 25 mm
- Motivlocher „Eiskristall", groß

Vorlage 9 – 11
Seiten 76, 77

1 Den 21 cm breiten Bastelkarton in der Mitte längs falten. Am besten eine Schablone der Körperformen anfertigen (siehe Seite 8), an der Bruchkante anlegen und die Konturen nachzeichnen. Die Mäusekörper ausschneiden und wie Klappkarten aufstellen.

2 Die übrigen Teile nach den Vorlagen ausschneiden und die Mäuse der Abbildung entsprechend ausgestalten. Die Gesichter aufmalen und eventuell Wackelaugen aufkleben.

3 Die Mäuse mit angeklammerten Motiven wie Pudelmütze oder Eiskristall verzieren.

4 Die Schachtel nach der Vorlage ausschneiden, falten, zusammenkleben und an der Maus fixieren. Mit der Zackenschere ein Quadrat aus grünem Filz schneiden und in die Schachtel legen.

Nikolaus-Teller

- Pappteller in Rot, 23 cm Ø
- Fotokarton in Beige, Rot
- Geprägtes Maulbeerbaumpapier in Weiß
- Alu-Bastelfolie mit Sternchen in Gold
- Wackelaugen, 18 mm Ø
- Filzstift in Schwarz
- 2 Holzspatel, 11 cm
- Motivlocher
  - „Stern", groß
  - „Stern", klein

Vorlagen 12, 13
Seite 78

1 Alle Teile nach den Vorlagen ausschneiden. Sterne mit dem Motivlocher ausstanzen.

2 Den Bart auf das Gesicht kleben. Wangen mit rotem Buntstift andeuten und den Mund mit einem schwarzen Filzstift aufmalen. Schnurrbart, Augen, Brauen und die Nase fixieren. Das Gesicht auf die Mütze kleben und die Quaste anbringen. Gestanzte Sterne auf die Mütze kleben.

3 Die Motivrückseite mit zwei Holzspateln verstärken und den Nikolaus auf den Tellerrand kleben. Sterne auf dem Teller verteilen.

Weihnachtswichtel
Abbildung & Materialangaben Seite 12/13

1 Auf der Leiste 11 cm, 33 cm und 55 cm abmessen. Die Klötze in diesem Abstand unter die Leiste stellen und mit Nägeln fixieren. Dabei die Nägel nur zur Hälfte einschlagen. Hier muss ein Erwachsener helfen.

2 Die roten Perlen als Nasen mit Stecknadeln in die Früchte stecken, kleine Abschnitte von Rosinen als Augen aufkleben oder Stecknadeln als Augen verwenden. Haare und Bart aus Schafwolle formen und ankleben. Die Vorlage 1 auf Filz in drei verschiedenen Farben übertragen, ausschneiden und als Mützen um den Kopf kleben. Die Köpfe auf die überstehenden Nägel drücken.

3 Nüsse an Wollfäden binden und über die Leiste hängen. Teelichter mit roter Wellpappe umkleben und auf der Leiste fixieren.

Lebkuchenmännchen

- Korkplatte
- Pluster-Pen in Weiß, Rot
- 4 Plastikhalbperlen in Schwarz
- 2 Pompon in Braun, Weiß, 10 mm Ø
- Motivlocher „Herz", klein
- Schleifenband in Rot-Weiß, ca. 40 cm lang, 1 cm breit
- Tonpapier in Orange, Grün, Gelb, Rot

Vorlage 14
Seite 79

1 Die Schablone des Lebkuchenmännchen auf den Kork übertragen und das Modell ausschneiden.

2 Zuerst die Verzierungen mit dem weißen Pluster-Pen frei Hand wellenförmig auftragen und gut trocknen lassen.

3 Augen, Nase und Wangen aufkleben. Dazu die Herzen als Wangen mit einem Motivlocher ausstanzen. Den Mund mit dem Pluster-Pen in Rot aufmalen.

4 Die Schleife binden und fixieren. Ein Männchen mit einem Herz, das andere mit einem Stern verzieren.

Robbie Schneemann

- Geprägter Tonkarton in Weiß, Orange
- Filz in Weiß, Orange, Rot, Hellgrün
- Pompon in Weiß, 10 mm Ø
- Bastelwatte in Weiß
- Filzstift in Schwarz
- Lackstift in Weiß
- Buntstift in Pink

Vorlagen 15 – 17
Seiten 80, 81

Tipp

Die Mütze mit Nüssen, Süßigkeiten oder kleinen Überraschungen füllen.

1 Die Mütze aus Filz schneiden und die seitlichen Ränder zusammenkleben. Den Filzbesatz anbringen. Einen Pompon aus Bastelwatte an die Mützenspitze kleben.

2 Körper, Kopf und Nase des Schneemanns aus Tonkarton, Mütze, Schal und Handschuhe aus Filz ausschneiden.

3 Das Gesicht gestalten (siehe Seite 9) und die Mütze samt Bommel ankleben.

4 Den Hals knicken und den Kopf aufkleben. Den Schal an der Rückseite fixieren. Handschuhe ankleben. Den Schneemann auf die Nikolausmütze legen.

Wir schmücken den Baum

Zapfenmännchen

- Tonkarton in Haut, Rot, Grün, Gelb
- Acrylfarbe in Weiß
- Nähgarn in Rot
- 3 Tannenzapfen
- Schleifenband in Weiß-Rot, 60 cm
- Maisfäden vom Maiskolben oder Nähgarn in Braun
- Pompons, 0,7 mm Ø
  - 2x in Rot
  - 1x in Grün
- Chenilledraht
  - 2x in Rot
  - 1x in Grün
- Märchenwolle in Weiß
- Filzstift in Rot, Schwarz
- Buntstift in Gelb
- Filzstifte in Rot, Schwarz
- Fotokarton in Gelb
- Motivstanzer „Stern"

Zusätzlich
- Pinsel
- Wattestäbchen
- Nähnadel

Vorlage 18
Seite 80

1 Die Tannenzapfen an den Spitzen mit der Acrylfarbe weiß anmalen.

2 Kopf und Mütze von den Vorlagen auf Tonkarton übertragen und ausschneiden. Als Haare kurze Maisfäden oder Nähgarn auf den Kopf kleben und sofort die Mütze darüber platzieren. Weiße Punkte mit dem Wattestäbchen auf die Mützen setzen.

3 Das Gesicht mit Pompon-Nasen und Augen, Wangen und Mund gestalten. Eventuell aus Märchenwolle einen Bart ankleben.

4 Dann den Kopf auf den Zapfen kleben. Oben an der Mütze eine Aufhängefaden anbringen. Dem Wichtel eine Schleife oder einen Stern ankleben. Chenilledraht als Arme in den Zapfen kleben und die Enden als Hände eindrehen.

Kuschelige Häuschen

- Breites Geschenkband in verschiedenen Mustern
- Vlies oder Bastelfilz in Rot
- Doppelseitiges Klebeband
- Watte
- Faden

Zusätzlich
- Stopfnadel

1 Ein Stück Geschenkband abschneiden und auf die Hälfte zusammenfalten. Am besten vorher überlegen, wie groß das Haus werden soll und dann die doppelte Länge nehmen.

2 Mit dem Klebeband die offenen Seiten links und rechts zusammenkleben und den Innenraum mit etwas Watte ausfüllen.

3 Aus dem Vlies zwei gleiche Dreiecke als Dach ausschneiden. Zwischen die beiden Dachflächen mit Klebeband die offene Seite des Bandkissens kleben.

4 Mit der Stopfnadel einen Faden durch die Dachspitze ziehen und das Häuschen aufhängen.

Eisbären

Graupappe, z. B. Malblockrückseite
- Wolle in Weiß, Hellblau
- Tonkarton in Weiß, Rot
- Filzstift in Schwarz
- Lackstift in Weiß
- Buntstift in Rot

Zusätzlich
- Sticknadel ohne Spitze

Vorlagen 19, 20
Seiten 81, 82

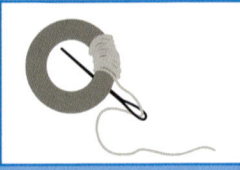

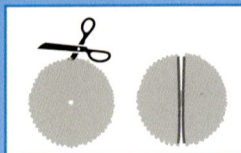

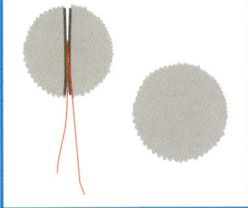

1 Die Kreise von der Vorlage zweimal auf Pappe übertragen und ausschneiden. Die Ringe übereinanderlegen und die Wolle festknoten.

2 Die Wolle mit der Sticknadel um den Pappring wickeln, immer durch die Mitte und über den Rand. Die Wolle so lange um den Ring wickeln, bis die Pappe ganz bedeckt ist und die Nadel sich nicht mehr durch das Loch in der Mitte stechen lässt.

3 Eine Schere zwischen die Pappscheiben schieben und die Wolle ringsherum durchschneiden, dabei die Wolle in der Mitte festhalten.

4 Die Pappringe auseinanderklappen, einen Wollfaden um die Mitte des Wollbündels schlingen und verknoten, den Faden nicht abschneiden. Die Pappscheiben aufschneiden und entfernen. Tipp: Für einen zweifarbigen Eisbären die Wollfarbe während der Arbeit wechseln oder gleichzeitig mit zwei unterschiedlich farbigen Fäden arbeiten.

5 Die Köpfe nach der Vorlage doppelt aus weißem Tonkarton ausschneiden. Die Nase aus rotem Tonkarton schneiden und aufkleben, Augen und Schnauze aufmalen. Die Wangen mit dem roten Buntstift malen und mit der Fingerkuppe verreiben.

6 Jeweils die Kopfrückseite flächig mit Klebestift bestreichen und mit der Vorderseite auf die Arbeitsfläche legen. Den Pompon unten am Eisbärenkopf anlegen und den Aufhängefaden nach oben führend auflegen. Den Faden mit Klebstoff bestreichen und den zweiten Teil des Kopfes deckungsgleich aufkleben.

Wichtel

- Tonkarton in Weiß, Hautfarbe, Orange, Rot, Grün
- Wollreste in Weiß, Orange, Braun
- Apfel, Orange, Zimtstangen
- Filzstifte in Orange, Rot, Grün, Schwarz
- Lackstift in Weiß
- Buntstift in Rot
- Nähgarn in Weiß

Zusätzlich
- Nähnadel

Vorlage 21
Seite 82

1 Apfel und Orange in Scheiben schneiden und mehrere Tage in Heizungsnähe trocknen lassen.

2 Alle Motivteile nach Vorlage 21 auf die entsprechenden Papiere übertragen und ausschneiden.

3 Braune Wolle als Haare zuschneiden und an die Köpfe kleben. Für die Wichtelmädchen die Wolle zu einem Zopf flechten oder seitlich zusammenbinden. Für den Wichteljungen kurze Fäden schneiden. Die Mützen aufkleben.

4 Die Gesichter gestalten. Die Wangen mit einem roten Buntstift malen und mit der Fingerkuppe verreiben. Mit einem weißem Lackstift Lichtpunkte auf die Augen setzen.

5 Die Köpfe auf die Hemdchen kleben, diese mit Stiften bemalen und mit Wollschleifen verzieren.

6 Apfel- und Orangenscheibe jeweils auf Nähgarn fädeln, Zimtstangen zusammenbinden. Mit der Nadel am unteren Rand des Wichtelhemdchens mittig ein Loch stechen, den Aufhängefaden einziehen und verknoten.

Papier-Kugeln

- Tonkarton in Gelb, Rot, Grün, Blau, Braun
- Nähgarn
- Perlen in Rot, Orange, Grün, Hellgrün, Blau, Hellblau
- Fingerfarben oder Acrylfarben in Weiß, Gelb, Rot, Blau, Grün
- Filzstift in Braun
- Pompon in Rot, 1 cm Ø

Zusätzlich

- Locher
- Nähnadel
- Wattestäbchen

Vorlagen 22 – 26
Seiten 82, 83

Anleitung siehe Seite 44

Filzsterne mit Elchen

- Filzplatte in Rot, 3,5 mm
- Transparentpapier „Elche" in Rot
- 8 Wachsperlen in Rot, 6 mm Ø
- 4 Christbaumkugeln in Rot, 20 mm Ø
- Perlgarn in Rot
- Chiffonband in Rot, ca. 1 cm breit

Zusätzlich
- Nähnadel

Vorlagen 27, 28
Seiten 84, 85

1 Nach den zwei Vorlagen Schablonen aus dünnem Karton herstellen (siehe Seite 8).

2 Die Sterne je zweimal auf Filz übertragen (siehe Seite 8) und ausschneiden.

3 Für die Innenausschnitte die Kreise so auf das Transparentpapier übertragen, dass sich die Elche im Ausschnitt der Sterne befinden.

4 Die Innenausschnitte mit den Transparentpapierkreisen hinterkleben, jeweils den zweiten Filzstern deckungsgleich auf der Rückseite fixieren und dabei das Chiffonband mit einkleben.

5 Oben eine Aufhängeschlaufe aus Perlgarn anbringen, unten Christbaumkugeln und aufgefädelte Wachsperlen.

Papier-Kugeln
Abbildung & Materialangaben Seite 42/43

1 Die Kreise aus Tonkarton ausschneiden. Nur beim blauen Kreis oben eine hellblaue Aufhängung ankleben. Die Aufhängung lochen.

2 Die Motive von den Vorlagen auf die Kreise übertragen. Nun das Wattestäbchen in die entsprechende Farbe tauchen und entlang der aufgemalten Linien das Motiv auftupfen. Gut trocknen lassen.

3 Die Perlen wie abgebildet auf den Nähgarnfaden fädeln und im Locherloch anknoten.

Fürs weihnachtliche Fenster

Stern-Wichtel

- Sternchen-Wellpappe in Rot, Blau, Grün, Weiß
- Tonpapier in Gelb
- Pompons in Gelb, Rot
- Filzstifte in Schwarz, Rot
- Geschenkband in Gelb

Vorlage 29 – 32
Seiten 84, 85

Anleitung siehe Seite 50

Flechtsterne

- Regenbogen-Karton
- Tonpapier in Gelb
- Motivstanzer „Stern"

Vorlage 33
Seite 86

1 Nach der Vorlage eine Schablone aus Graupappe anfertigen (siehe Seite 8).

2 Für jeden Stern die Umrisse der Schablone viermal auf Regenbogen-Karton übertragen und ausschneiden.

3 Die vier Teile auf die Arbeitsfläche legen und der Abbildung entsprechend ineinanderstecken. Die Spitzen leicht anheben und mit Klebstoff fixieren.

4 Nach Belieben mit kleinen Sternen verzieren.

Stern-Wichtel
Abbildung & Materialangaben Seite 48/49

1 Sterne, Köpfe und Mützenrand nach der jeweiligen Vorlage ausschneiden.

2 Das Gesicht mit Filzstift auf den Papierkreis malen und den Kopf auf den Stern kleben.

3 Mützenränder und Pompons fixieren.

4 Wichtel und Sterne ohne Gesicht auf ein Geschenkband kleben.

Schnee-flocken

- Regenbogen-Transparent-papier
- Kopierpapier in Weiß
- Motivstanzer „Eiskristall"

Vorlagen 34, 35
Seite 86

Anleitung siehe Seite 54

Transparente Sterne

- Graupappe oder fester Karton
- Regenbogen-Transparent-papier
- Weihnachtssticker „Sterne" mit Goldglitter

Vorlagen 36 – 38
Seite 87

1 Nach der Vorlage Schablonen aus Graupappe oder festem Karton anfertigen (siehe Seite 8).

2 Die Umrisse der Schablonen auf Regenbogen-Transparentpapier übertragen und ausschneiden: Der Stern oben hat zehn kleine und zehn große Spitzen, der Stern unten hat 22 Spitzen.

3 Die Spitzen entlang der Längsachse falten.

4 Jeweils die Bruchkante einer Spitze auf den inneren Rand der nächsten Spitze kleben. Die Spitzen dabei um einen Punkt kreisförmig anordnen. Den Mittelpunkt eventuell mit einem Sternsticker überkleben.

Schneeflocken
Abbildung & Materialangaben Seite 52/53

1 Nach der Vorlage eine Schablone aus Graupappe anfertigen (siehe Seite 8).

2 Die Umrisse auf Regenbogen-Transparentpapier übertragen und ausschneiden.

3 Jede Spitze zur Mitte der gegenüberliegenden Seite hin falten und dann etwa 1,5 cm von der Bruchkante entfernt wieder in die entgegengesetzte Richtung falten.

4 Die Sterne mit gestanzten Schneeflöckchen verzieren.

Schneemänner

- Tonkarton in Weiß
- Tonpapier in Orange, Rot, Hell- und Dunkelblau
- Filzstift in Schwarz
- Lackstift in Weiß
- Buntstifte in Rot, Grün, Hell- und Dunkelblau
- Stoffreste

Zusätzlich
- Nähgarn in Weiß
- Nähnadel
- Prickelnadel

Vorlagen 39 – 41
Seiten 88 – 90

1 Die Schneemänner von den Vorlagen auf weißen Tonkarton übertragen. Die Konturen ausschneiden, die Innenausschnitte mit der Prickelnadel herauslösen.

2 Mütze, Hut, Nasen, Herz und Handschuh auf Tonpapier übertragen und ausschneiden, die Mützenquaste ausprickeln.

3 Alle Teile der Abbildung entsprechend mit Stiften verzieren und zusammenkleben.

4 Nähgarn am Handschuh und am Herz befestigen und die Motive in die Ausschnitte hängen.

5 Die Stoffreste in schmale Streifen reißen oder schneiden und als Schals um die Hälse der Schneemänner binden. Die Stoffenden punktuell festkleben.

6 Die Eiskristalle von der Vorlage auf weißen Tonkarton übertragen und ausprickeln.

Tipp

Die Vorlagen mit dem Fotokopierer verkleinern, dann können die Schneemänner auch als Geschenkanhänger verwendet werden.

Tannenbäume

- Tonkarton in Grün
- 2 Zweige
- Ca. 22 Perlen in Rot, 6 mm Ø
- Filz in Hellgrün, Dunkelgrün
- Japanseide in Hellgrün
- Papier in Weiß-Grün
- Tonkarton in Dunkelgrün
- 2 Tontöpfe in verschiedenen Größen
- Sand oder Deko-Steine

Zusätzlich
- Heißkleber

Vorlagen 42, 43
Seiten 86, 87

1 Die Grundform des Tannenbaumes jeweils aus Tonkarton nach den getrennten Vorlagen ausschneiden.

2 Für den Filzbaum kleine Filzstreifen schneiden und diese nebeneinander in einer Reihe am unteren Rand aufkleben, zwischendurch hellgrünen Filz verwenden. Die zweite Reihe etwas über die erste Reihe kleben, sodass der Baum plastisch wirkt. Den Baum bis zur Spitze Reihe für Reihe weiterkleben. Am Schluss mit Perlen verzieren.

3 Für den Papierbaum die verschiedenen Papiere in etwa gleich große Stücke reißen. Die Papiere nebeneinander etwas überlappend aneinanderkleben. Dabei die Form den Baumes immer wieder beachten und die Papierstücke dementsprechend schräg kleben. Die roten Perlen als Kugeln aufkleben.

4 Beide Bäume: Nun auf die Rückseite den dicken Zweig mit Heißkleber ankleben und die Bäume in mit Sand oder Steinchen gefüllte Tontöpfe stellen.

Das schenk ich dir!

Lebkuchenfiguren

- Salzteig
- Fester Karton oder Pappe
- Tonpapier in Weiß, Rot
- Dekoband in Rot, 3 mm breit
- Teelichter
- Puppenkerzen
- Wasserfarbe
- Lackstift in Weiß
- Filzstifte in Rot, Braun, Schwarz

Zusätzlich

- Küchenmesser
- Pinsel
- Stricknadel
- Doppelseitiges Klebeband
- Evtl. Zackenschere

Vorlagen 44 – 47
Seiten 90, 91

1 Nach der Anleitung auf Seite 9 einen Salzteig herstellen und etwas ruhen lassen. Nach den Vorlagen 44 und 45 die Lebkuchenfiguren auf festen Karton übertragen und ausschneiden.

2 Den Salzteig auswellen, die jeweilige Vorlage auflegen und die Lebkuchenfiguren mit einem Küchenmesser ausschneiden. Lebkuchenfiguren, die Kerzen oder das „Merry Christmas"-Schild halten sollen, mithilfe einer Stricknadel Löcher in die Arme bohren. Trocknen lassen.

3 Die Figuren mit brauner Wasserfarbe bemalen, Verzierungen und Gesichter mit Lack- und Filzstiften auftragen. Rotes Dekoband mit doppelseitigem Klebeband um die Teelichter wickeln. Um den Hals der Figuren eine rote Schleife binden. Die Lebkuchenfrau mit zwei Puppenkerzen bestücken.

4 Die Figuren können auch mit Schildern versehen werden. Dazu die Vorlagen 46 und 47 jeweils auf rotes und weißes Tonpapier übertragen und eventuell mit der Motivschere zuschneiden. Den Schriftzug auf das weiße Papier kopieren oder Namen selber schreiben. Das „Merry Christmas"-Schild lochen und mit Dekoband festbinden.

Anhänger

- Regenbogen-Wellpappe
- Geschenkband in Rot und Gelb, je Stern 80 cm lang
- Hologrammpapier oder Metallpapier in Gold

Vorlage 48
Seite 91

1 Die drei großen Sternformen nach der Vorlage auf die Rückseite der Wellpappe übertragen und ausschneiden.

2 Das Geschenkband um die Sternenzacken führen, dabei am Anfang und am Ende etwas Band auf der Sternrückseite übrig lassen. Die Bandenden auf der Rückseite eng am Stern verknoten.

3 Am besten vom kleinen Stern eine Schablone anfertigen und beliebig viele Sterne aus Hologramm- oder Metallpapier schneiden und auf die Anhänger kleben.

4 Die Stern an Geschenken anbinden oder als Baum-Anhänger nutzen. Dazu dann die Bänder ganz am Ende verknoten.

Süße Mäuse

- Motiv-Karton „Mäuse"
- Wackelaugen, 6 mm Ø
- Pompons in Schwarz, 10 mm Ø
- Bast in Rot

Zusätzlich
- Evtl. Falzbein

Vorlage 49
Seite 92

1 Die Mäuse nach der Vorlage aus Bastelkarton schneiden.

2 Die Faltlinien mit einer offenen Schere oder dem Falzbein etwas vorritzen, dann falten.

3 Die äußeren Segmente übereinanderlegen, einen Bastfaden als Schwänzchen einlegen und aufeinanderkleben.

4 Wackelaugen und einen Pompon als Nase aufkleben.

5 Die Mäuse mit Süßigkeiten füllen.

Schneemann & Nikolaus

- Fotokarton in verschiedenen Farben
- Velourspapier (Vivelle) in verschiedenen Farben
- Regenbogen-Transparent-papier
- Naturpapier
- Strohhalme
- Teelichter, 6 cm Ø
- Besenhaare
- Motivstanzer „Stern", „Schneekristall"
- Filzstifte in Schwarz, Rot
- Buntstift in Rot

Vorlagen 50, 51
Seiten 92, 93

1 Den Umriss des Schneemanns (Vorlage 50) und des Nikolaus (Vorlage 51) auf Tonkarton oder Velourspapier, die Gesichtsform des Nikolaus (Vorlage 51) auf weißen Tonkarton übertragen. Alles ausschneiden.

2 Gesichter mit Filz- und Buntstiften aufmalen (siehe Seite 9). Mützen und Handschuhe anmalen oder aus Tonkarton beziehungsweise Velourspapier arbeiten. Den Stern (Vorlage 51) auf gelben Fotokarton kopieren und ausschneiden.

3 Aus Regenbogentransparentpapier ein Rechteck, 6 x 20 cm, schneiden und um das Teelicht kleben. Eventuell mit Velourspapierstreifen verzieren. Mit dem Motivstanzer Stern- oder Schneekristallmotive herstellen und auf die Leuchte kleben.

4 Das Laternchen seitlich an der Nikolaus- oder Schneemannfigur festkleben. Einen Strohhalm an den freien Handschuh kleben, daran den Stern befestigen oder einige Besengrannen oder ersatzweise kleine Zweige daran festbinden.

5 Anstelle der Leuchte kann der Nikolaus auch einen Sack im Arm halten. So kann er Nüsse, Rosinen und Lebkuchen überbringen! Dazu einfach die Hülle eines Teelichtes oder den Deckel einer Dose mit Naturpapier umkleben. Gibt man dem kleinen Nikolaus einen beschrifteten Apfel (Vorlage 51) in die Hand, gibt es über den Empfänger der Gaben keinen Zweifel.

Nikolaus auf Skiern

- Wellpappe mit Sternchen in Rot
- Fotokarton in Blau, Grün
- Wattekugeln, 40 mm Ø
- Chenilledraht in Rot
- Wackelaugen, 7 mm Ø
- Pompons in Rot, 7 mm Ø
- Filz in Rot
- Watte
- Schokoriegel
- Acrylfarbe in Beige

Zusätzlich
- Pinsel
- Klebefilm

Vorlage 52
Seite 93

1 Die Mütze nach der Vorlage aus Filz, die Skier aus Fotokarton ausschneiden. Für den Körper ein 10 x 20 cm großes Stück Wellpappe zu einer Röhre von ca. 4 cm Durchmesser zusammenkleben.

2 Die Wattekugel beigefarben grundieren, trocknen lassen und das Gesicht ausgestalten. Die Mütze aus Filz formen, zusammenkleben und fixieren. Quaste, Pelzbesatz und Bart aus Watte anbringen. Den Kopf auf den Körper kleben.

3 Die Arme aus Chenilledraht mittig an die Rückseite des Körpers kleben. Die Enden fest um Schokoriegel wickeln.

4 Weitere Schokoriegel mit Klebefilm auf die Skier kleben und die Figur daraufstellen.

Vorlagen

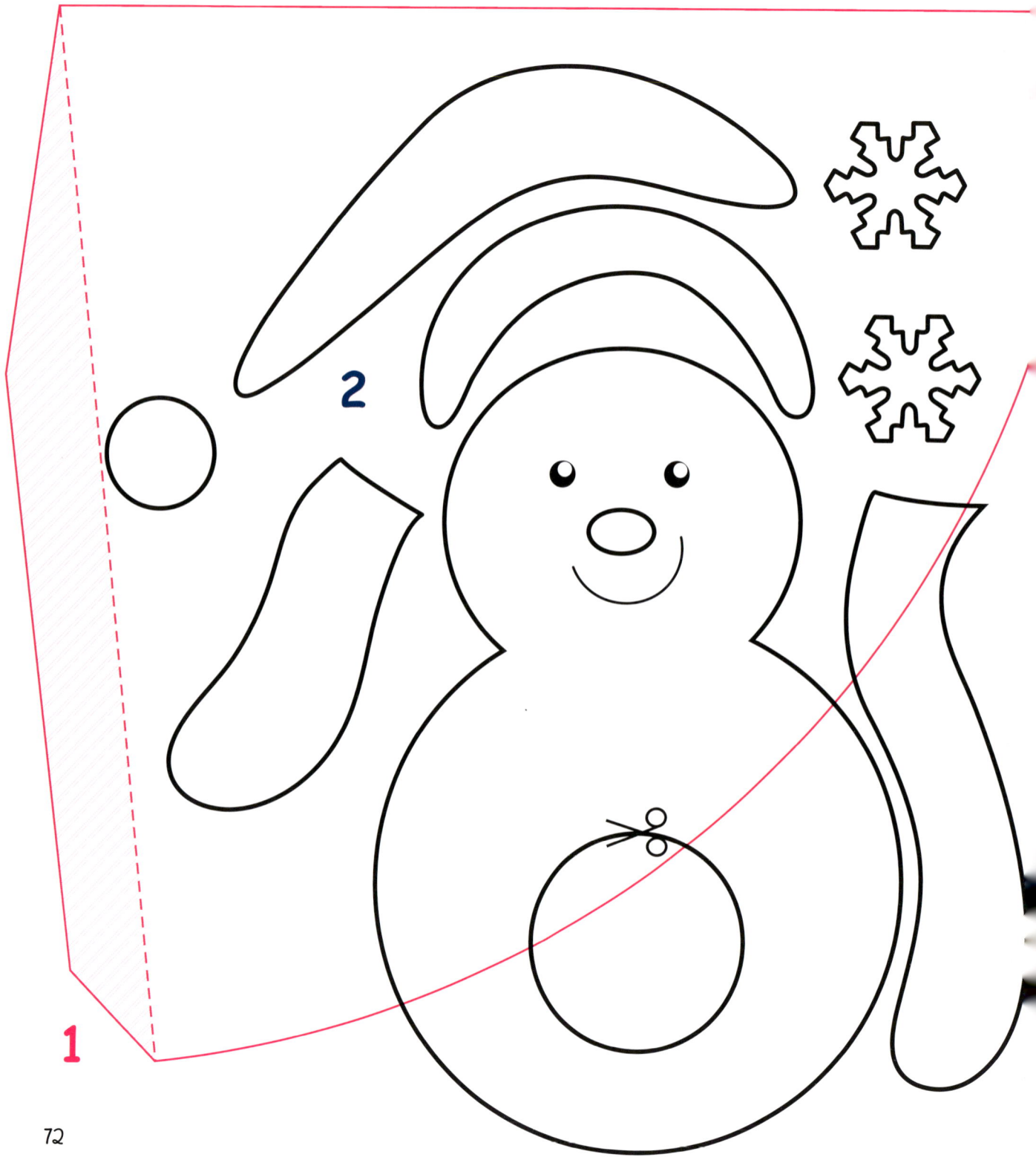

3

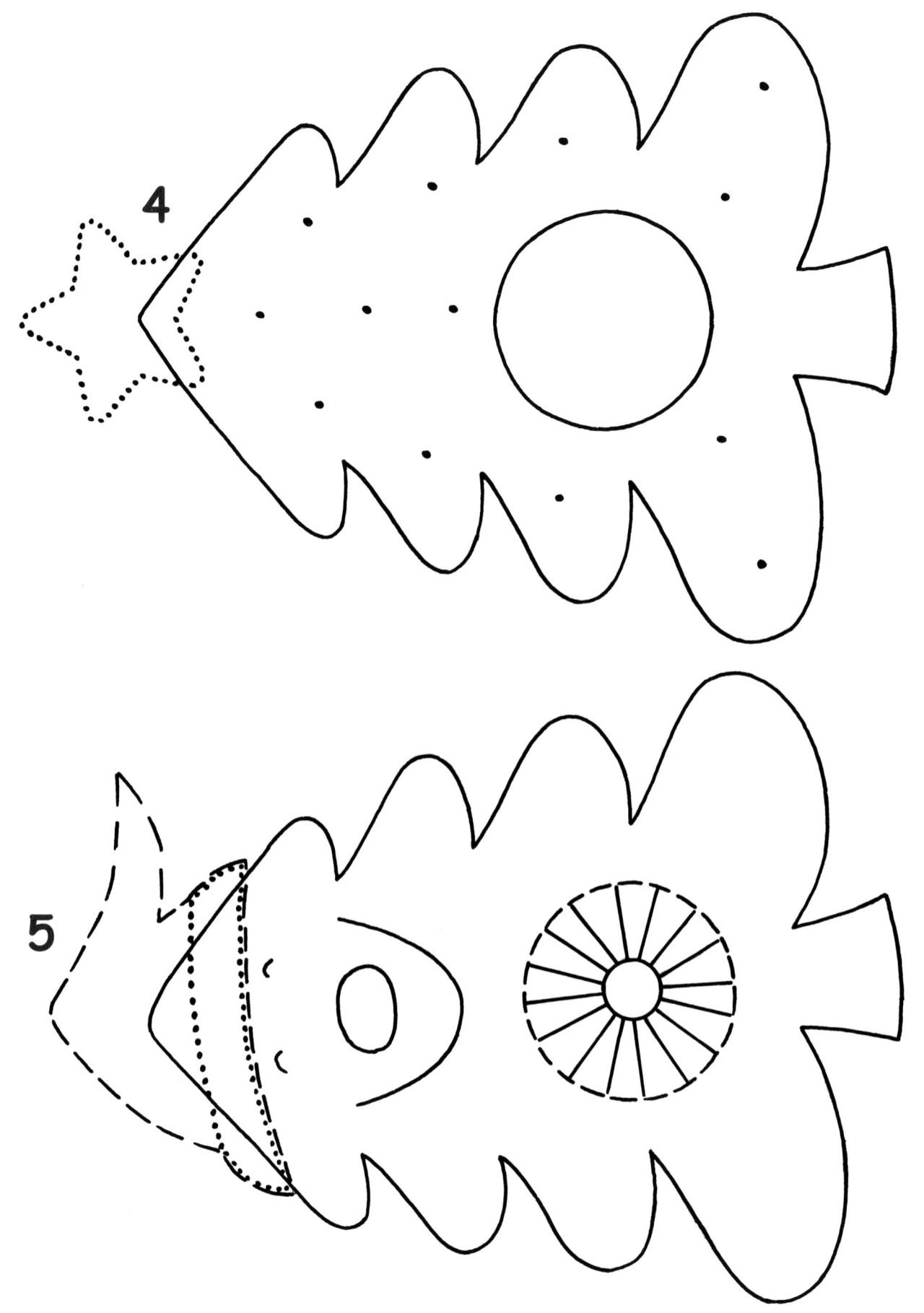

74

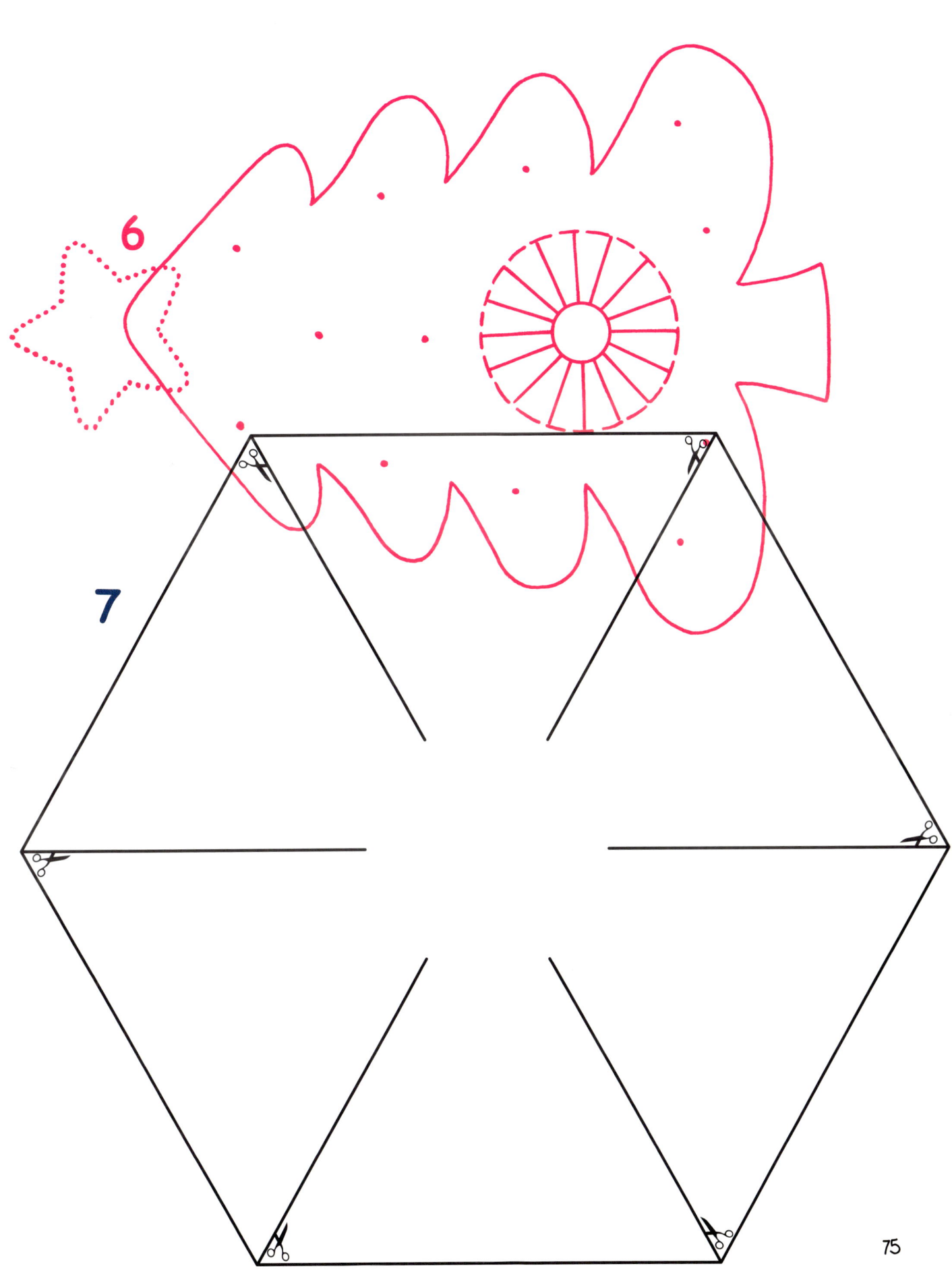

6

7

8

9

76

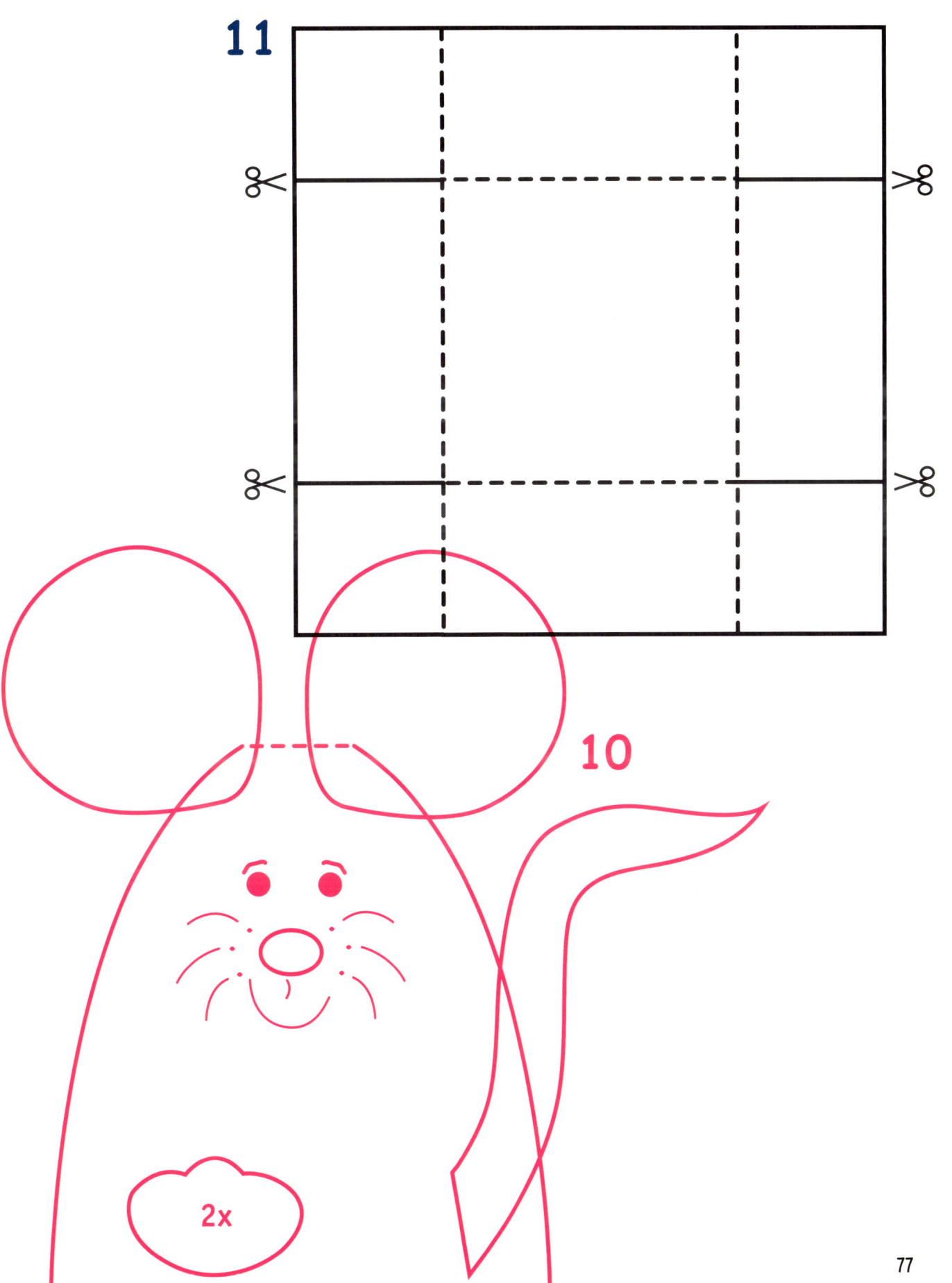

11

10

2x

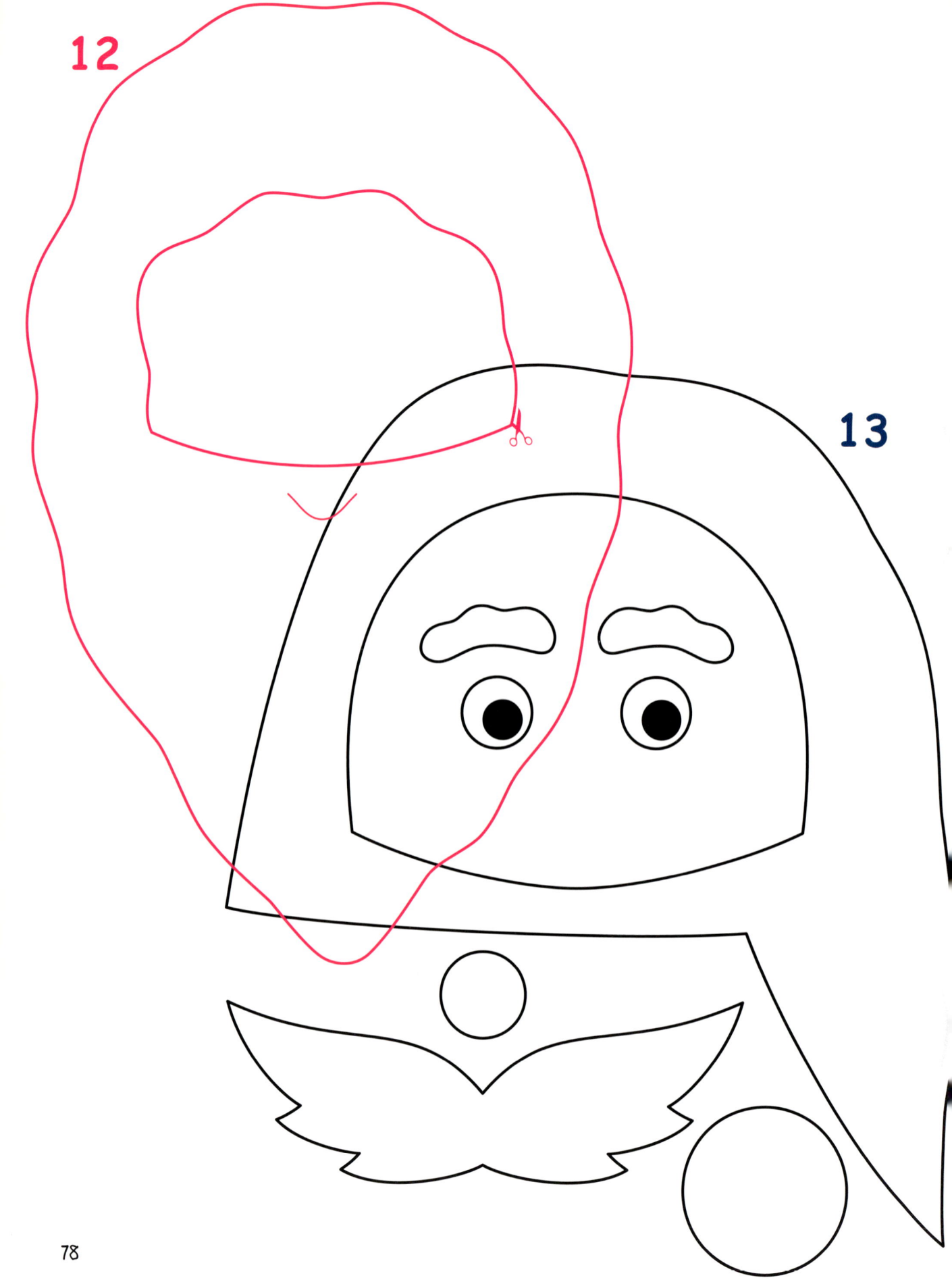

12

13

14

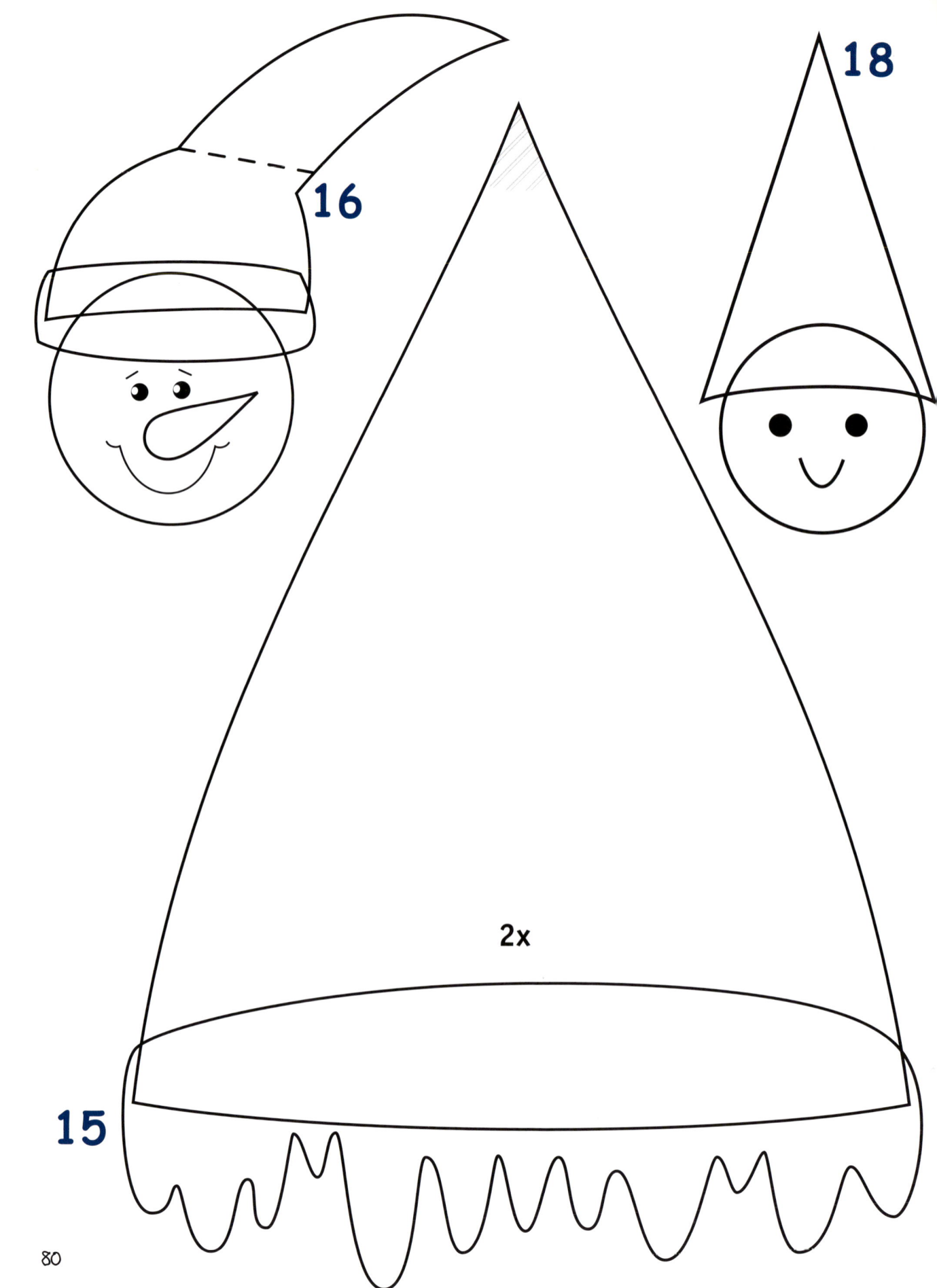

16

18

2x

15

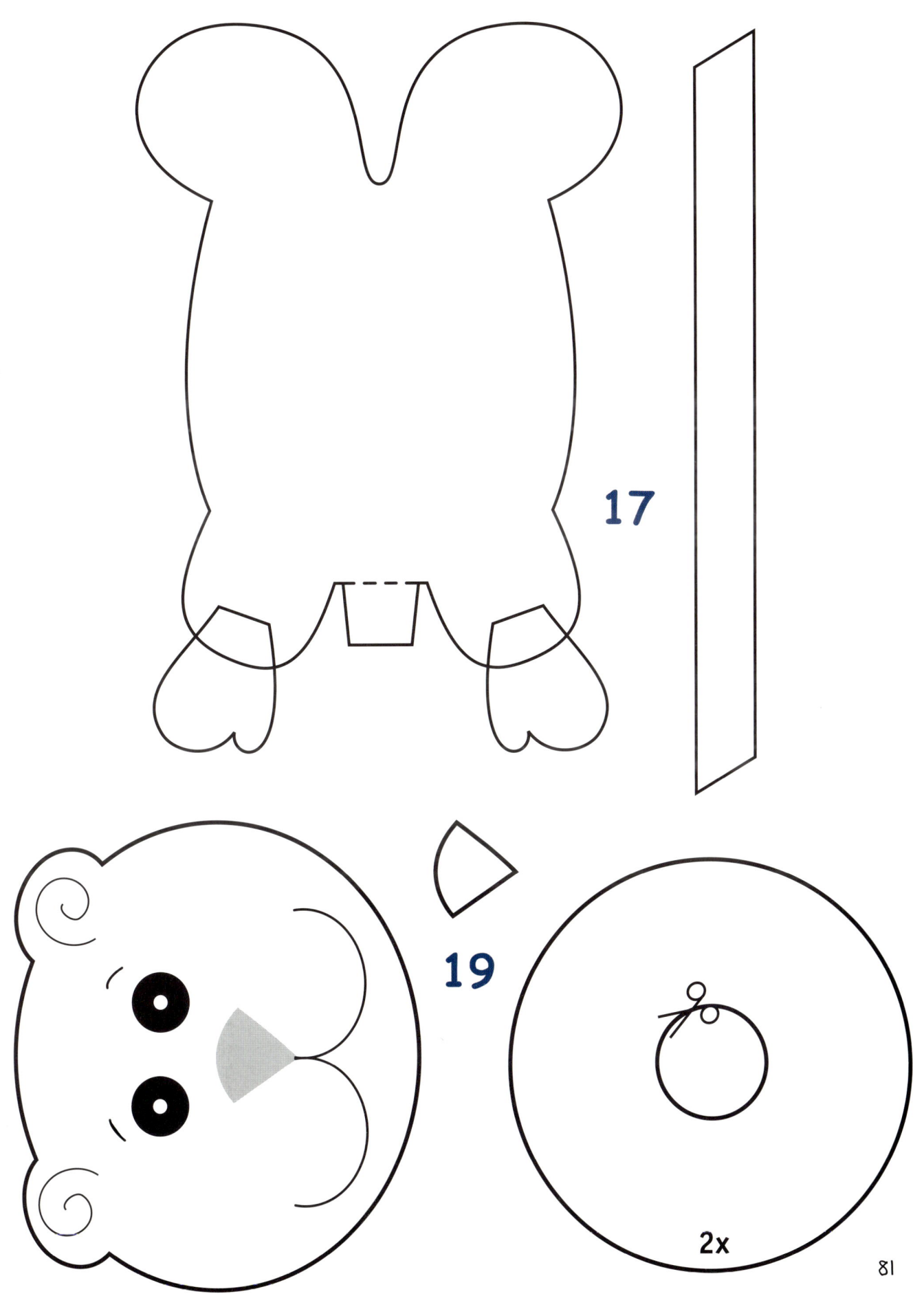

17

19

2x

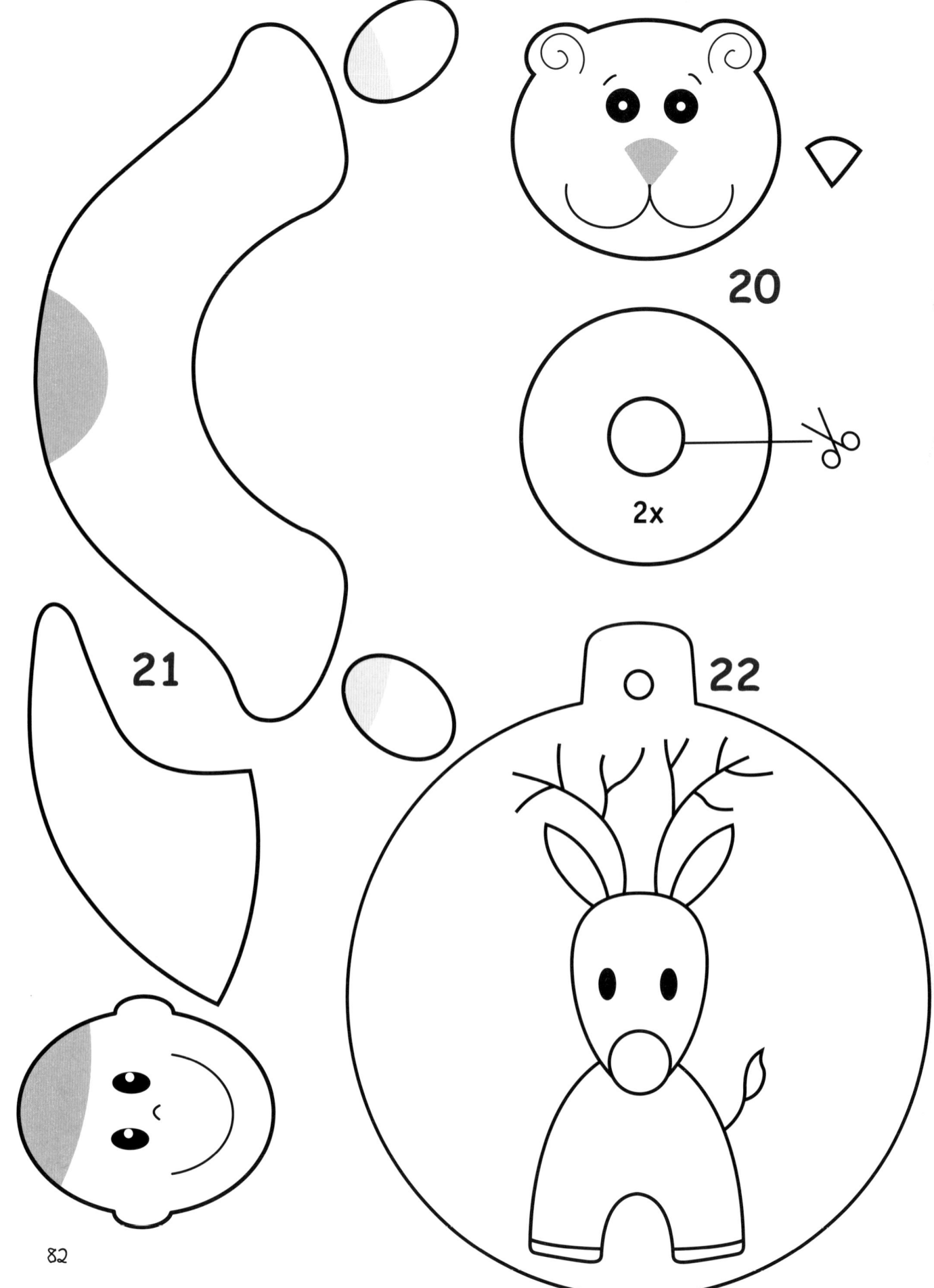

20

2x

21

22

83

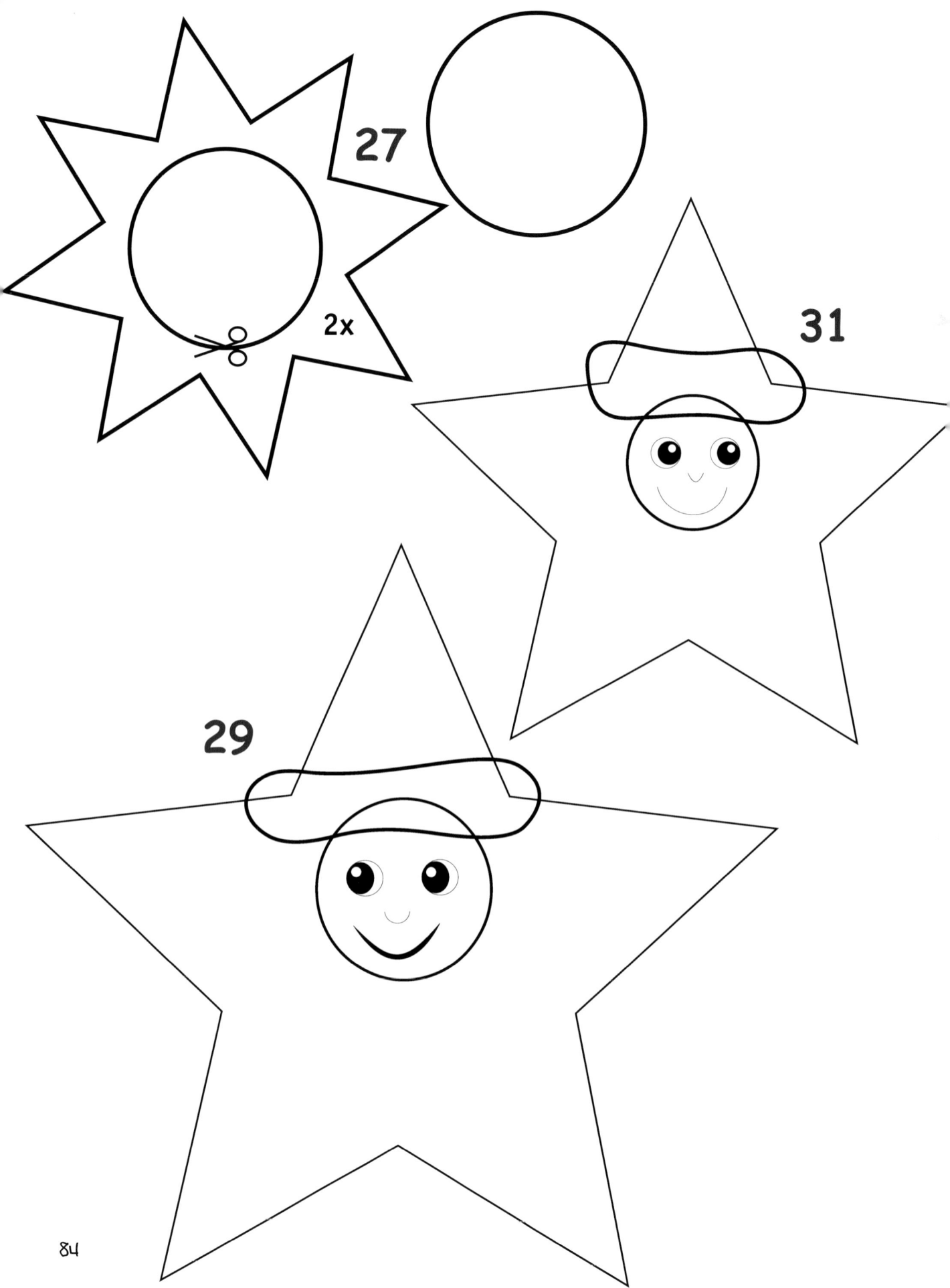

27

2x

31

29

84

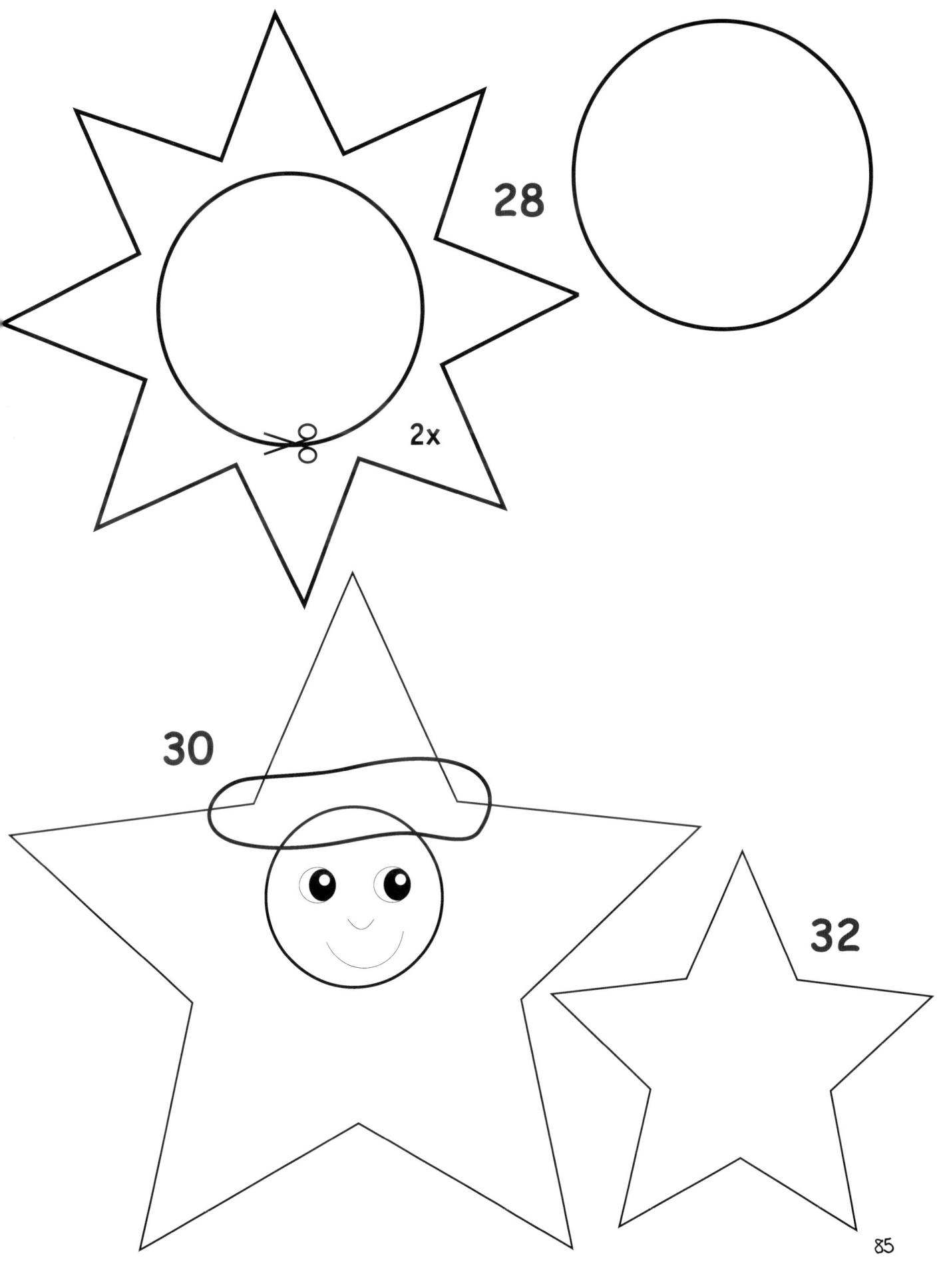

28

2x

30

32

85

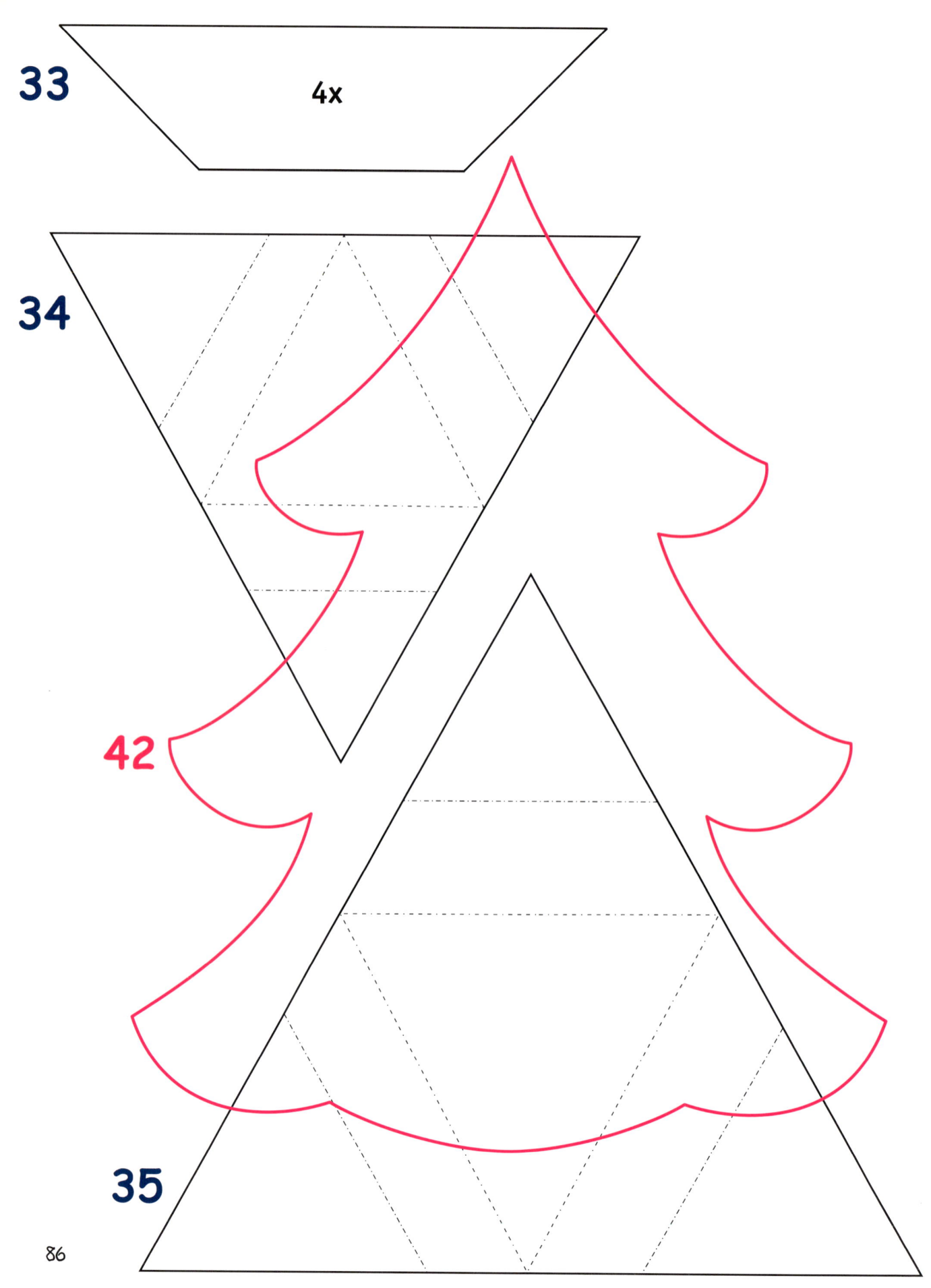

33

4x

34

42

35

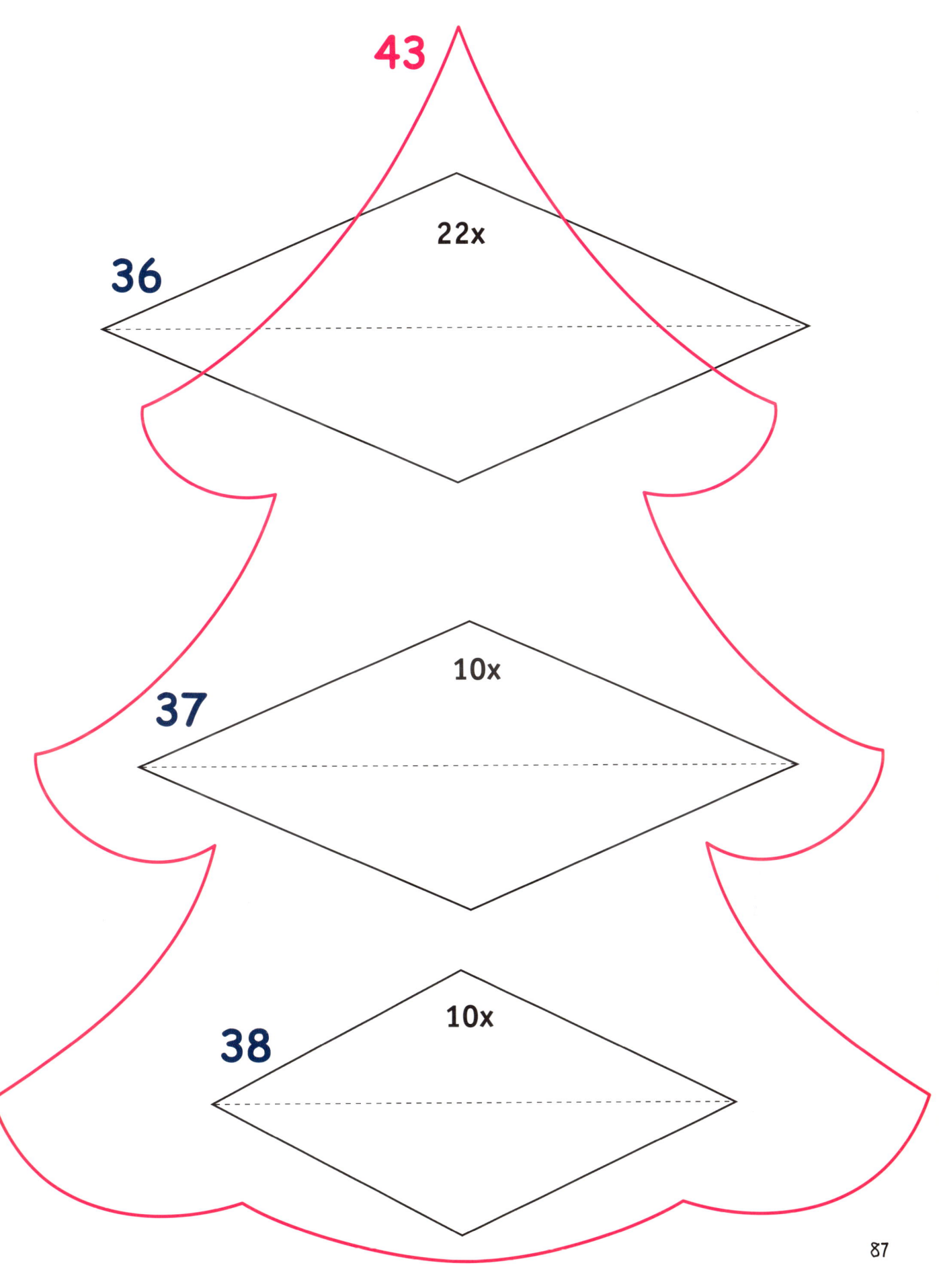

43

22x

36

10x

37

10x

38

39

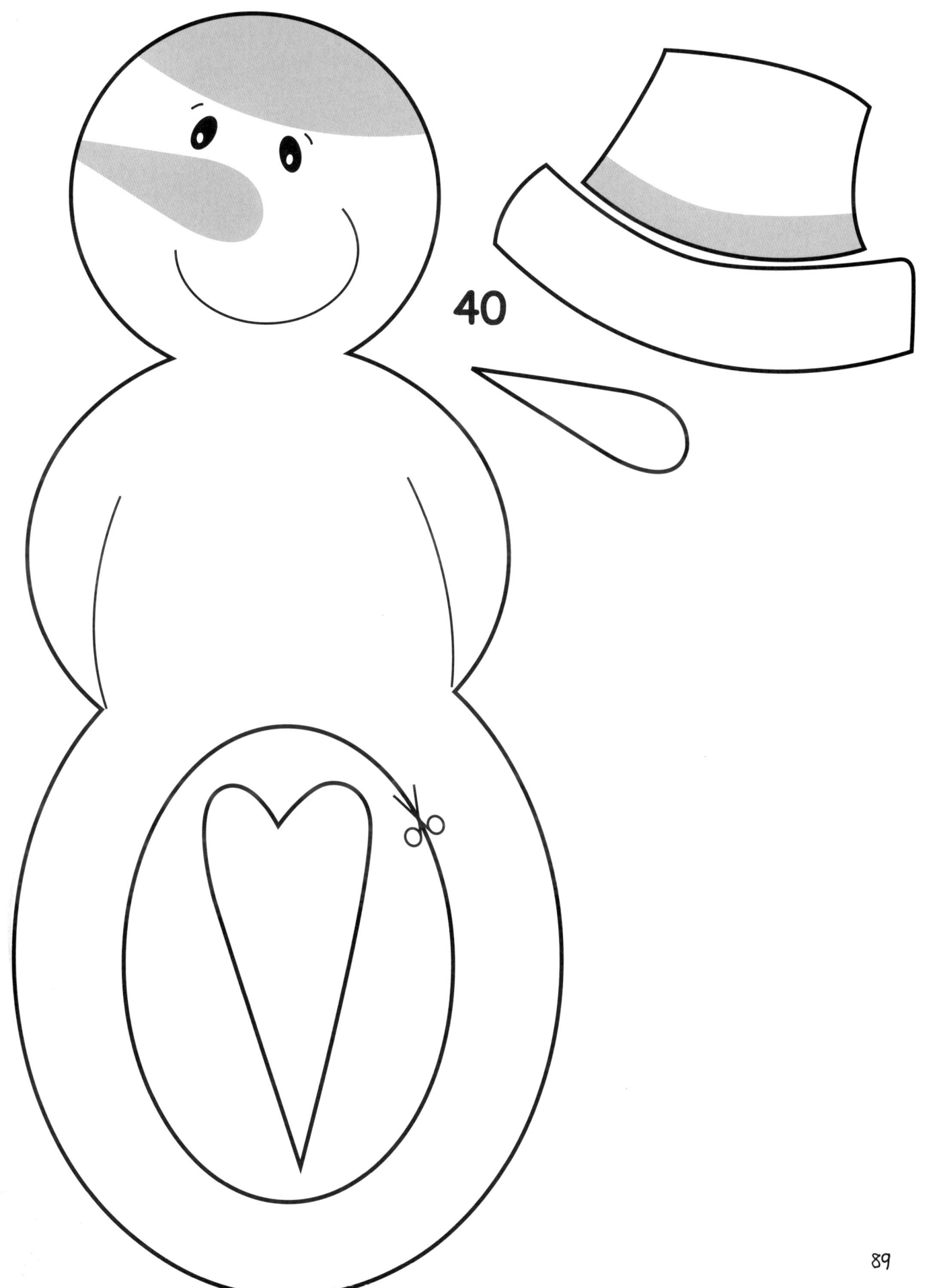

40

41

44

45

46

47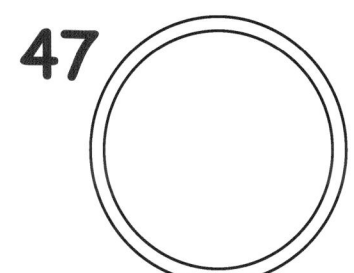

48

49

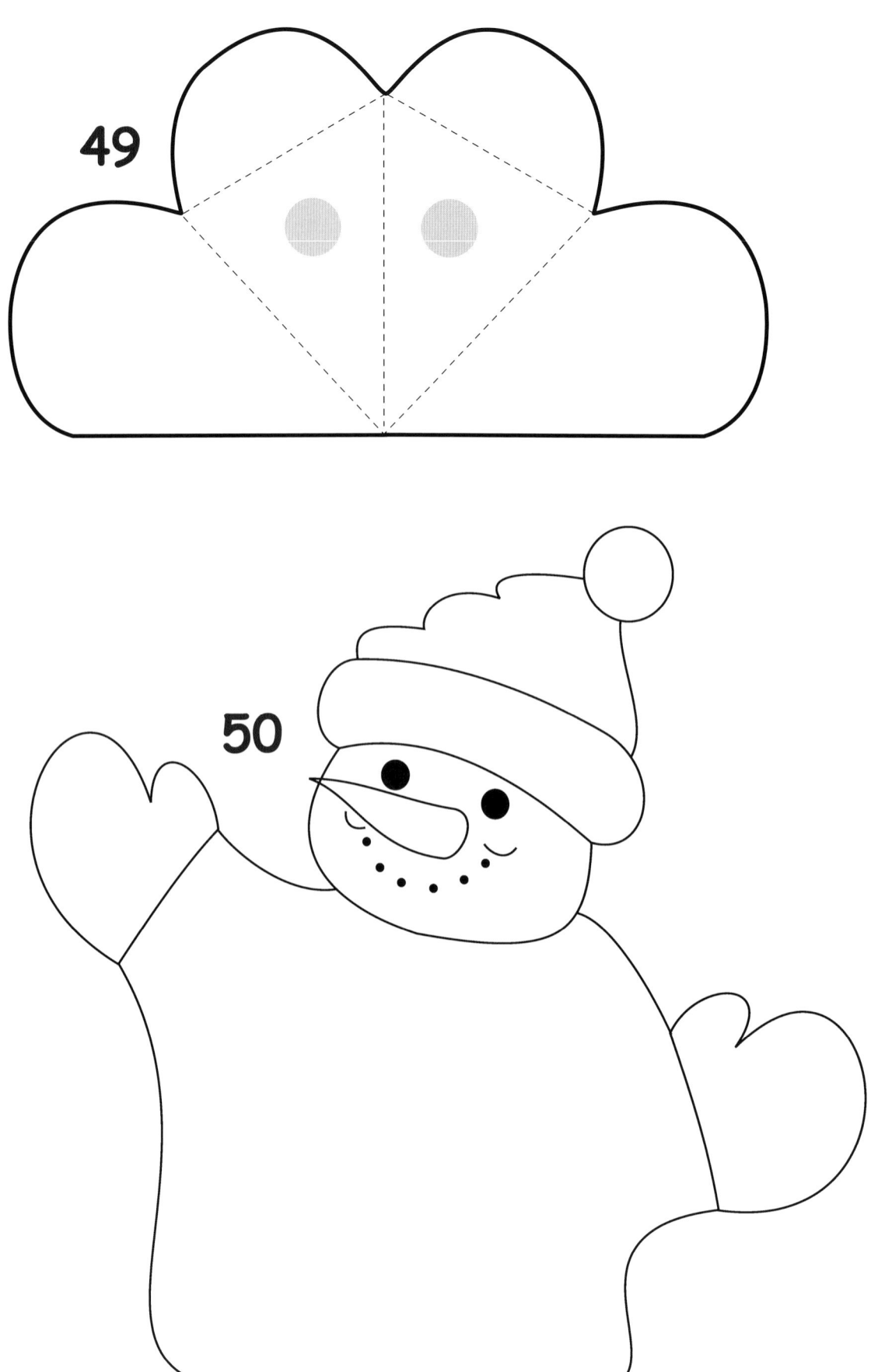

50

51

51

52

2x

93

Impressum

Autorinnen:

Laura Blücher, Seiten 14/15, 28/29, 34/35, 38 – 43, 56 – 59

Erika Bock, Seiten 24/25, 44/45, 70/71

Ernestine Fittkau, Seiten 20/21, 26/27, 30/31

Ursula Ritter, Seiten 48 – 55, 64 – 67

Halyna Salo, Seiten 16/17

Martha Steinmeyer, Seiten 12/13, 22/23, 36/37, 62/63, 68/69

Ingrid Wurst, Seiten 18/19

Fotos:

Roland Krieg, Seiten 13, 23, 37, 63, 69

Ursula Markus, Seiten 11, 33, 47

Christoph Schmotz, Seiten 15 – 21, 25 – 31, 35, 39 – 45, 49 – 59, 65 – 67, 71

Heidi Velten, Seite 61

Illustrationen:

Julia Ginsbach

© 2008 Christophorus Verlag
in der Verlag Kreuz GmbH
Postfach 80 06 69, 70506 Stuttgart

E-Mail: info@christophorus-verlag.de
www.christophorus-verlag.de

Alle Rechte vorbehalten –
Printed in Germany

ISBN 978-3-419-54111-1

Redaktion: Irmgard Böhler, Wiesbaden
Covergestaltung & Layoutentwurf:
Network!, München
Produktion: art und weise, Freiburg
Druck: Himmer, Augsburg